LA VISION

DE

VERSAILLES

PAR

LISSAGARAY

30 CENTIMES

BRUXELLES

DÉPÔT PRINCIPAL : LIBRAIRIE SOCIALISTE

3, impasse de la Violette, 3

1873.

LA
VISION DE VERSAILLES

L'Assemblée versaillaise est au grand complet. Toutes les droites, tous les centres, toutes les gauches, toutes les factions sont accourues. Le jour est solennel. Il s'agit de bâtir une constitution à la France et de lier solidement l'outre des révolutions.

Les très-honorables sont assis côte à côte, serrés sur les mêmes bancs, mais plus séparés que par les montagnes les plus hautes ou les fleuves les plus profónds. Des extrémités de la salle, les regards pétillants de colère se croisent comme des éclairs, et le voisin ferme les poings contre son voisin.

Où sont les jours heureux d'union et de concorde, quand la Commune cimentait toutes ces volontés, tous ces cœurs ? Vous n'étiez alors, ô sept cents, ni droite, ni gauche, ni majorité rurale, ni suffrage des villes, mais un seul et même Versaillais raidi contre l'ennemi commun, le prolétaire. Et quand Paris râlait, pendant les mitraillades, comme tu te dressais d'un seul bond, Caligula aux sept cents têtes, pour crier d'une voix commune : Honneur à ceux qui massacrent Paris !

Union d'un jour, Sainte-Alliance éphémère ! C'est qu'après la victoire, il a fallu se dire : Qui régnera sur ce sol dévasté ?

Qui distribuera les cordons et les grades? Qui nommera les trois cent mille fonctionnaires? Parmi tant de vautours, lequel aura le droit de fouiller à lui seul le flanc immortel du pays?

Et les confédérés de la veille se ruant ensemble à la curée, ont rencontré leurs griffes et leurs dents. Les vieilles haines assoupies se sont redressées, les vieilles amitiés se sont brisées comme verre ; la lutte pour le butin a commencé.

Les intrigues de couloir, les perfidies de commission, les chausse-trappes de comités sont leurs manœuvres parlementaires ; les vociférations, les injures, leur rhétorique. Dans cette assemblée qui a livré la pudeur et la fortune françaises, il n'y a rien de français, ni le langage, ni les cœurs.

Mais ils ont résolu de vider leur querelle et la

séance d'aujourd'hui décidera du vainqueur. Aussi, la foule comble les moindres vides. Au premier rang des loges, les princesses, les ambassadrices, les riches bourgeoises et les courtisanes cotées étalent leurs toilettes tapageuses, leurs gorges rondes et leurs visages distraits. — Que valent ces émotions parlementaires pour qui a flairé les cadavres des journées de Mai, touché du doigt les morts étendus dans les ruelles et soulevé leur dernier vêtement !

C'est une sombre journée de décembre voilée de brouillards et de tristesses qui pénètrent les os. Dans le fond de la salle, au sommet de l'autel, dominant la tribune, entre deux lampes vermeilles, le président Grévy trône immobile et majestueux comme l'ostensoir de la République. A ses pieds Batbie lit le rapport. Tantôt sa voix parvient distincte jusqu'aux coins les plus reculés, tantôt elle est brisée par les applaudissements frénétiques ou les hurlements furibonds.

Le rénégat républicain demande le combat contre tout ce qui est république. Il glorifie la commission des grâces. Il déclare nettement qu'il n'y a plus en France qu'un souverain — l'Assemblée, qu'un gouvernement — la droite, qu'une politique — la proscription.

Thiers n'est plus assez sûr pour gouverner leurs haines. Ils craignent que ce vieillard ne mollisse. Ils veulent le doubler de férocités plus jeunes, adjoindre au vieux chacal dont la vue s'affaiblit et dont la dent s'émousse, des louveteaux alertes et moins rassasiés.

Qu'on obéisse ! Tout effort du pays pour reconquérir son suffrage est un crime. Sangsues collées sur le corps de la France, ils ne lâcheront prise qu'après s'être gorgés du reste de son sang.

Il descend. Les sept cents langues de Caligula claquent de droite et de gauche. Mais on se tait bientôt. Le petit homme blanc sautille à la tribune. Il s'indigne. On ose lui demander des gages ! Et sa vie tout entière, et ses massacres de Transnonain, et ses lois de septembre, et son parti de l'ordre de 1848, et ses massacres de Mai ! Comme il grandit alors ! Avec quelle chaleur, quelle émotion, il revendique l'honneur entier d'avoir conduit, exécuté l'égorgement ! Faiblissait-il en ce moment ? La bourgeoisie française a-t-elle rencontré un plus parfait exécuteur de ses hautes-œuvres ? Et cette Commission des Grâces, ne lui a-t-il point donné à boire tout le sang qu'elle a voulu ?

Qu'il est beau, ce vieillard étalant avec orgueil devant l'univers ses mains plus rouges que celles de Sylla ! Comme il dépasse tous ces vulgaires criminels de la hauteur de quarante ans de crimes ! Rouher et Jules Favre eux-mêmes se taisent humiliés. Puisses-tu mourir dans ton triomphe, président de la République radicale, maître, gorgé de toutes les joies humaines, afin que le peuple apprenne par ton exemple ce qu'il lui en coûte de laisser glisser ses ennemis entre ses doigts.

Il a renié la gauche qui applaudit. Il a injurié la gauche qui applaudit encore. C'est la tactique radicale de donner pour père à la République le massacreur que boudent les ruraux.

Les Pourceaugnacs furieux grognent aux radicaux qui ripostent. Les héros de Metz apostrophent les héros de la Défense ; la loque de Rosbach défie le haillon capitulard. Les imprécations, les menaces s'entremêlent. Vingt députés s'élancent à l'assaut de la tribune et jettent dans la tempête des lambeaux de discours. Grévy, plié en deux, rame de ses deux bras contre l'invasion des orateurs qui grimpent comme des fourmis le long des degrés. Il secoue désespérément sa sonnette sans voix telle que la cloche d'un navire au milieu de l'ouragan. De cette masse bouillonnante, il s'élève une vapeur de passions furibondes. Dans la loge diplomatique, le représentant de la Prusse sourit.

L'ombre vient de tomber et donne à cette scène des teintes fantastiques. Tout à coup, dans ce pandemonium obscur, une voix retentit.

Voix stridente, sèche, comme il n'en sort point des cordes humaines, si perçante qu'elle domine le vacarme furieux, si impérieuse que tous les députés, d'un même mouvement automatique, comme une manœuvre militaire, se retournent vers une loge du fond,

Au même instant le gaz jaillit de tous les candélabres et montre un spectacle sans pareil. Toutes ces faces qui regardent sont décomposées par la terreur, les yeux horriblement dilatés, les bouches tordues et grimaçantes ; les cheveux se dressent sur les têtes tendues. Au banc des ministres, Thiers à demi renversé en arrière, étend devant lui ses doigts crispés. Un silence épouvantable s'est fait subitement, semblable à ces silences de mort qui suivent les agonies violentes : de temps en temps, quelque corps tombe avec un bruit sourd, comme les branches mortes dans la silencieuse solitude des forêts.

Ils sont là, appuyant leurs mains sur les rebords de la loge, en face du président. La clarté du gaz frappe en plein leurs visages. Bien peu de ces députés les ont vus, et cependant si ces lèvres pâles pouvaient se refermer, ces langues sèches articuler un son, de toutes parts elles nommeraient :

Ferré..... Crémieux.... Bourgeois..... Rossel.... Genton..... Cerisier..... Herpin-Lacroix.... Beaudoin..... et les autres.... car ils sont tous là, les fusillés de la Commission des Grâces, debout, les yeux fixes et vivants. Ferré, aux traits de marbre, avec sa redingote noire trouée au flanc et dans le haut, son lorgnon qu'il rajusta devant les soldats ; ses camarades avec leur tenue de supplice, tunique, blouse ou habit, pourris par la sépulture de tant de mois, tous la tête nue comme ils sont tombés, mais affranchis du bandeau. A côté d'eux, Delescluze, la face austère labourée, l'écharpe rouge à la ceinture, comme il fut en mourant ; Varlin, tout fracassé, mais souriant encore de ce même mépris qu'il lança à ses bourreaux. Et encore Dombrowski, Millière et bien d'autres formes mutilées recouvertes de lambeaux. Tous ces yeux de spectre regardent les misérables pétrifiés par la terreur. Ferré lève le bras et sa voix sonne comme un clairon dans cette nécropole :

« Vous nous reconnaissez, Thiers, d'Audiffret, Bat-
» bie, vous tous aussi de la Commission des Grâces.
» Conservateurs, républicains, monarchistes, vous nous
» reconnaissez. Vous avez dit : — Qu'ils meurent !
» L'ordre, le travail et la sécurité vont renaître. —
» Trente mille d'entre nous sont morts. Depuis dix-huit
» mois vous êtes nos seuls maîtres. Sur nos cadavres,
» qu'avez-vous donc fondé ?

« Vos fureurs, depuis dix-huit mois grossissantes,
» Paris en état de siége, Lyon sous Bourbaki, Mar-
» seille sous Espivent, les réunions interdites, les jour-
» naux indépendants supprimés, les conseils de guerre en
» permanence, les arrestations incessantes, les délibé-
» rations des conseils municipaux cassées, les pétitions
» méprisées, le droit des électeurs nié, est-ce l'ordre
» que vous avez promis ? — A peine êtes-vous réunis

» que les commandes cessent, les faillites s'accumu-
» lent, les ateliers se ferment, et, n'étaient vos soldats,
» vous plieriez sous les grèves; voilà pour le travail! —
» Nul n'est certain de ne pas se réveiller prisonnier
» d'un coup d'État, Ladmirault, le bonapartiste, com-
» mande à Paris, l'orléaniste Ducrot, à Bourges,
» Chanzy le thiériste, à Tours. Votre armée parquée
» dans les camps, instruite à mépriser les citoyens,
» n'est plus qu'une armée prétorienne. Voilà pour la
» sécurité.

« Vos emprunts ont dépassé les saturnales finan-
» cières de la Régence; votre traité de commerce a
» imposé la nation tout entière au profit d'un petit
» nombre d'industriels privilégiés. Est-ce la prospérité
» promise?

« La Prusse vous applaudit. Elle fait de votre règne
» une condition de paix. Elle sait que vous êtes néces-
» saires à la dégradation du pays. Elle sait que tant
» que vous serez les maîtres, il y aura éclipse de France
» dans le monde.

« Vous avez massacré trente mille hommes, proscrit,
» banni, emprisonné, déporté vingt mille autres. L'é-
» chafaud politique relevé, la France abaissée aux
» pieds de Bismark, enchaînée au dedans, la proie cer-
» taine du premier général audacieux qui voudra la
» prendre, voilà votre œuvre! C'est assez. Rendez-nous
» compte de notre sang. »

Un applaudissement immense jaillit des loges des cintres, et retombe comme une pluie brûlante sur le parterre glacé. Des centaines d'hommes, de femmes, de vieillards et d'enfants ont envahi les loges déjà pleines, surchargent les galeries, se suspendent en grappes aux colonnes. Leurs poitrines défoncées, leurs vêtements en miettes froissent brutalement les soies et les dentelles. Ce sont les Fusillés des journées de Mai. La pétroleuse assise au premier rang coudoie sur le velours la Versaillaise qui se contracte en vain pour fuir l'horrible attouchement. Un nuage d'odeur fade s'exhale de ces guenilles nauséabondes. Ecrasés sous cette voûte de spectres, les députés retombent sur leurs siéges. Le silence se fait et l'on entend la voix d'un autre fusillé :

« Vous m'avez tué pour avoir passé de l'armée à
» l'émeute, pour rappeler au soldat qu'il ne doit point
» avoir de conscience et qu'il appartient à ses chefs.
» Qu'il vous souvienne de Bourgeois le jour où la botte
» d'un soldat vous soulèvera de vos bancs. »

VOIX DES FUSILLÉS DANS LES TRIBUNES : — « Quand
» vous viendrez, comme en Décembre, faire appel à ce
» peuple mitraillé par vous comme en Juin, qu'il vous
» réponde: Souvenez-vous des fusillés de Mai ! »

ROSSEL : — « Avez-vous refait une armée, rétabli
» notre vigueur, préparé notre défense, et, quand la

» Prusse répare les moindres vices de son armure, mis
» à profit l'expérience payée par notre sang? Nos
» frontières sont toujours à la merci du premier mo-
» narque affamé de milliards. Sous une apparence hy-
» pocrite, votre loi militaire a tout conservé. Mêmes
» exemptions pour les fils de famille, mêmes officiers
» de taverne, mêmes états-majors de salon, mêmes gé-
» néraux ineptes et vaniteux. Vos magasins sont aussi
» vides, vos équipages aussi compliqués, votre cava-
» lerie aussi surannée, votre intendance aussi pillarde,
» vos uniformes aussi ridicules, vos manœuvres aussi
» creuses. Vous avez reconstitué pièce à pièce l'armée
» de Sedan. »

DOMBROWSKI: — « Je l'ai conduite au feu cette garde
» nationale que vous avez méprisée, désarmée. Que de
» fois vos prétoriens ont fui devant elle! Si vous aviez
» voulu, si vous aviez su la comprendre, trois mois
» d'étude et de discipline l'eussent faite invincible aux
» Prussiens. »

VOIX DES FUSILLÉS DANS LES TRIBUNES:—«Nous étions
» les premiers dans les sorties du siége. Nous étions en
» avant à Champigny, à Buzenval. Vos généraux et vos
» soldats insultaient la garde nationale qui ne voulait
» pas capituler. Alsace, Lorraine, souvenez-vous que
» que nous voulions vous disputer à outrance. Souve-
» nez-vous des patriotes fusillés en Mai! »

GASTON CRÉMIEUX : — « Vous m'avez fusillé pour
» avoir tenté dans la province le combat de Paris. Oui,
» ce fut notre crime de vouloir réveiller jusqu'au der-
» nier hameau. — Ces campagnes que vous gouvernez
» depuis quatre-vingts ans, nous les avions vues pen-
» dant la guerre, rebelles aux appels généreux des
» grandes villes, inertes, ensevelies dans leur égoïsme,
» invoquant leurs foyers pour renier leur patrie. Nous
» avions vu vos administrateurs, vos magistrats, vos
» prêtres encourager les défaillances, semer les lâches
» terreurs et les capitulations. Et nous ne voulions
» plus de ces hontes. Et nous avions juré guerre à
» votre régime, de rendre à la province son âme, de
» créer à la France épuisée des millions de vies et
» d'intelligences nouvelles.

« Vous nous avez vaincus, replacés sous le joug de vos
» préfets et de vos jésuites. Vous avez refait la France
» plébiscitaire. Les plébiscites de César vous écrase-
» ront. »

VOIX DES FUSILLÉS DANS LES TRIBUNES : — « Nous vou-
» lions que la campagne devînt un foyer de vie, nous
» voulions supprimer les tyrans de village, donner au
» paysan la terre, comme l'outil à l'ouvrier. Province,
» souviens-toi des fusillés de Mai ! »

GENTON : — « Vous m'avez tué pour venger les prê-

» tres, les magistrats et les gendarmes fusillés. Et le
» lendemain de notre défaite, vous avez solennellement
» replacé Devienne, l'entremetteur de Napoléon III, au
» plus haut sommet de votre justice. Et vos évêques,
» traînant leurs pèlerins, prêchent par toute la France
» les guerres de religion. Et dix-huit mois après la
» lutte, vos prisons sont encore pleines de condamnés
» à mort. »

VOIX DES FUSILLÉS DANS LES TRIBUNES : — « Sur trois
» cents otages, soixante tombèrent, et alors seulement
» qu'on avait tué des milliers d'entre nous. Pour venger
» soixante hommes, vous avez pris trente mille des
» nôtres. Peuple, tiens la balance et souviens-toi des
» fusillés de Mai ! »

MILLIÈRE, TONY-MOILIN : — « Vous nous avez fusillés,
» quoique nous n'eussions point combattu, parce que
» nous étions socialistes. Vous-mêmes vous l'avez
» avoué. »

VOIX DES FUSILLÉS DANS LES TRIBUNES : — « Qu'eussiez
» vous dit, si nous avions fusillé tous les conserva-
» teurs ! Pendant deux mois de règne, maîtres absolus
» de Paris, nous n'avons pas mis à mort un seul en-
» nemi politique. »

VARLIN : — « Vous avez lutté contre la Commune, et
» qu'y avez-vous compris ? C'était la révolution qui com-

» mençait, et vous avez cru voir la fin du monde. Après
» le massacre, vous avez ouvert une enquête pour savoir
» ce que Paris voulait, et au lieu de faire votre examen
» de conscience, d'avouer et de débrider les plaies de
» votre régime, vous n'avez su mettre au jour qu'un
» pamphlet de sacristie. Quant aux vices monstrueux
» de votre organisation économique, aux besoins des
» travailleurs, au droit économique qui va remplacer
» le droit ancien, vous n'en savez pas le premier mot.
» Le socialisme, tout en l'égorgeant, vous le niez. Là-
» dessus, vous êtes unanimes, droite et gauche, conser-
» vateurs et républicains. Devant Paris tout saignant
» et tout roussi de la bataille, vos radicaux ont dit qu'il
» n'y avait pas une âme dans la Révolution du 18 mars.
» Dans Paris, tout autour, il n'est pas un brin d'herbe
» qui ne pousse sur la poitrine d'un fédéré, pas de jar-
» din, pas de place qui n'ait eu son charnier de prolé-
» taires, et sous ce sol bourré de cadavres, aucun de
» vous ne sent fermenter une question sociale? O grand
» Paris du peuple! C'est au néant que tu as offert cet
» holocauste de cent mille des tiens !

« Vous croyez que les travailleurs reçoivent un mot
» d'ordre, que des émissaires secrets vont fomentant
» les grèves! Vous n'avez donc jamais mis les pieds dans
» une usine, dans une mine, dans un atelier? Vous
» ignorez donc que moyennant un salaire journalier,

» le maître traîne après lui son troupeau d'ouvriers
» qu'il peut licencier à son gré? Mais nos émissaires,
» ce sont les heures de travail interminables, les patrons
» avides, les chômages, les misères du foyer. Voilà les
» conspirateurs.

« Vos mitrailleuses ont rayé toute une génération
» d'ouvriers. Et après? Ne faudra-t-il pas toujours des
» travailleurs? Qu'avez-vous fait pour prévenir des ré-
» volutions inévitables? Le travail vit encore sous les
» lois impériales renforcées de l'état de siége et, de vos
» enquêtes dérisoires, où vos préfets, votre police, ont
» déposé leurs lumières, les travailleurs seuls ont été
» écartés.

« Ah! il fallait aussi que le monde connût votre stu-
» pide ignorance comme il sait votre férocité. »

VOIX DES FUSILLÉS DANS LES TRIBUNES : — « Les tra-
» vailleurs feront d'eux-mêmes. Nous sommes les vic-
» times du siècle et nous n'en sortirons pas sans l'avoir
» redressé. »

DELESCLUZE : « Vous m'avez vu à Bordeaux. — Seul,
» quand toute la gauche défaillait, je vins à la tribune,
» au nom de la grande ville, demander la mise en accu-
» sation de ceux qui l'avaient trahie. Vous couvrîtes
» alors ma voix de vos murmures, car vous méditiez
» des trahisons plus hautes. La Défense nationale avait

» livré Paris. Vous, vous alliez rendre l'Alsace et la
» moitié de la Lorraine. Trochu, Favre, Picard et Simon
» n'avaient donné que deux cents millions. Vous alliez
» tendre cinq milliards. Vous parliez de l'impossibilité
» dé continuer la guerre, de l'obligation de sacrifier
» dans le présent pour préparer l'avenir. Nous di-
» sions, nous, que si le présent était honteux, l'avenir
» serait infâme, qu'il fallait réveiller à tout prix la na-
» tion, fût-ce à coups de désastres, qu'une paix achetée
» était la seule ruine irréparable.

« Le crime fut consommé. Que fîtes-vous alors pour
» ranimer ce corps vide de sang ? Tous les hommes gé-
» néreux s'offraient à l'œuvre de résurrection. On sen-
» tait qu'il fallait refaire un organisme à cette nation
» appauvrie, retourner d'un soc impitoyable ce sol en-
» durci, remettre la France sur l'enclume, et sous la
» gueule des canons prussiens, forger l'arme de l'ave-
» nir. Ces résolutions viriles adoucissaient les douleurs
» de la défaite. Les grandes villes débordaient de dé-
» vouements. La plus grande, Paris, amaigrie par six
» mois de siége, chancelante et affamée encore, était
» prête, pour fonder la République, à se rejeter dans
» la fournaise. Vous répondîtes en décapitalisant Paris,
» en le ruinant par la loi sur les loyers et les échéances,
» en supprimant ses journaux, en condamnant ses
» meilleurs patriotes, en lui donnant pour maîtres des

» bonapartistes abhorrés. Vaincus, vous fuyez, dévali-
» sant Paris de tous ses services administratifs. Paris,
» se suffit, s'organise, nomme sa représentation.

« Que veut Paris ? La dictature ? Non.— Le gouverne-
» ment du peuple par le peuple, des garanties certaines
» et l'union. Une parole loyale, un acte sincère venant
» de vous peut tout concilier : la province vous y con-
» vie de toutes parts. Vous répondez par le canon.
» Vous recommencez le bombardement de Paris. Votre
» armée ne suffit pas au siége. — Vous demandez à
» Bismark des soldats. Il exige en échange des condi-
» tions de paix plus dures, — vous acceptez d'enthou-
» siasme. Ses troupes entourent Paris pendant la se-
» maine sanglante, vous aident à prendre Vincennes,
» ramènent les fugitifs sous vos fusils.

« Tout ce qui respire pour la France, pour la liberté,
» pour l'humanité, est fusillé, transporté, poursuivi.
» La province proteste par ses élections et ses jour-
» naux. Vous poursuivez la presse, vous arrêtez les pa-
» triotes de la province, et si vous l'osiez, vous renou-
» velleriez dans les grandes villes les massacres de
» Paris.

« Il n'y a, dans toute la France, qu'une classe qui
» soit restée debout pendant les vingt années de l'Em-
» pire : les travailleurs, — et vous les égorgez. Il n'y a
» qu'une classe qui ait voulu défendre le territoire à

» outrance : les travailleurs, et vous les égorgez. Il n'y
» a qu'une classe qui ait compris qu'il fallait asseoir
» la nation sur des bases nouvelles de droit et de
» justice : les travailleurs, et vous les égorgez. Pour
» refaire la France, il ne reste que la bourgeoisie qui
» l'a livrée, ruinée, souillée, il ne reste que vous, les
» bourgeois de Thermidor, de l'entrée des Alliés, des
» journées de Juin, de l'avenue Marbœuf!

« Nul parmi vous ne s'est levé pour crier : c'est le
» sang le plus chaud de la France qui coule. Pendant
» que Paris travaillait, combattait, mourait, tirait le
» canon contre toutes les tyrannies, vous, gauche aus-
» tère, vous calomniez Paris devant les députations
» provinciales, vous adjuriez les départements de laisser
» écraser Paris luttant pour eux. Au jour des massa-
» cres, vous votiez des remerciements à l'armée. Depuis,
» vous n'avez pas trouvé un geste pour arrêter les
» exécutions, pour forcer l'amnistie, un moment pour
» visiter les prisonniers.

« Vous ne savez donc pas que sans ses morts et ses
» proscrits, votre Moloch républicain eût été balayé
» dès la première heure? Vous ne savez donc pas que
» sans la lutte acharnée de Paris, la France depuis
» dix-huit mois serait en monarchie. Oui, c'est l'ombre
» de la Commune qui protége aujourd'hui la France
» contre Bonaparte et Chambord.

« Comment vous distinguer de cette Chambre infâme,
» vous qui avez renié Paris et qui léchez aujourd'hui
» la main de son bourreau ? Quel espoir mettre en vous
» qui ne savez offrir pour tout remède qu'une Assem-
» blée nouvelle sans mandats délibérés, l'instruction et
» le service obligatoires, et qui croirez avoir régénéré
» la France, quand vous en aurez fait le clair de lune
» de la Prusse ?

« Vous osez invoquer les héros d'autrefois, vous
» abriter sous leur égide, vous réunir au Jeu de paume
» pour singer le passé ! Mais si les grands hommes qui
» surent servir leur époque, la comprendre et mourir
» pour ses vérités se dressaient devant vous, je vous
» défierais de soutenir leurs regards et d'affronter leur
» jugement ! »

voix des fusillés dans les tribunes : — « Que tous
» ceux qui ont servi le peuple vous jugent et vous con-
» fondent ! »

Les tribunes finissent à peine, quand, à l'autre extré-
mité du théâtre, derrière le président, on entend une
voix. Grévy se retourne et devant lui se dressent de
nouveaux fantômes. Ils portent les vêtements de nos
pères. Ce sont les vieux conventionnels. L'espace s'est
agrandi derrière la tribune présidentielle et du parquet
au cintre, leurs figures s'étagent, sévères comme aux
jours redoutables où les traîtres comparaissaient de-

vant eux. Leurs rangs sont confondus. Gironde, Montagne et Commune ne forment qu'un même groupe uni et présentent la même face irritée.

Cette voix, qui ne l'a reconnue ! Elle sonna la charge aux premières heures de la révolution ; elle défia l'Europe avec la tête de Louis XVI ; elle tonna à la Convention, aux Cordeliers, aux Jacobins ; elle appela par les rues les enfants de Paris à la frontière et les accompagna au combat. A cette face que la nature foudroya pour se venger de sa puissance, à ce geste qui broie les tyrans, qui ne l'a reconnu ..... Danton !

Grévy et la gauche semblent se ranimer. Sans doute, cet ancêtre vient les arracher à ce cauchemar horrible. Peut-être même ils vont applaudir, mais déjà il a parlé :

« Nous vous avons laissé une France renouvelée, vic-
» torieuse, prospère. A près quatre-vingts ans de règne,
» quelle France nous rendez-vous? En pleine dissolu-
» tion politique, amputée de deux provinces, endettée
» de vingt-cinq milliards, payant tribut à l'étranger,
» veuve de Paris, risée de l'Europe, proie de quelques
» usuriers. Est-il enfin temps de compter ?

» Il y a quatre-vingts ans, nous les avons terrassés ces
» Allemands, vos maîtres d'aujourd'hui. Vous leur
» donnez plus d'or qu'il ne nous a fallu de fer pour les
» chasser. Alors, aussi, ils passaient pour les premiers

» soldats de l'Europe. Douze mille officiers nobles émi-
» grés guidaient leurs armées à travers les sentiers de
» la France; nos régiments manquaient de cadres;
» nous ne tenions pas comme vous soixante départe-
» ments intacts, les provinces obéissantes, des res-
» sources d'argent inépuisables, des arsenaux, des ate-
» liers tels que Toulon, Brest, Marseille, Bordeaux,
» Lyon, Lille, Nantes, vingt autres grandes villes, les
» mers libres, et les sympathies de toute la terre. Et
» cependant nous vainquîmes. C'est que nous avions la
» passion de notre cause, la foi dans le peuple, la
» volonté de l'affranchir, le mépris de notre mémoire,
» pourvu qu'il survécût à notre sort. C'est qu'au lieu
» d'abdiquer entre quelques mains chétives, nous lais-
» sions parler le génie vigoureux de la nation; au lieu
» de proscrire les ardeurs révolutionnaires, nous
» savions les condenser et en faire jaillir la foudre; au
» lieu de supplier les nobles, les prêtres, nos ennemis-
» nés, d'aider notre délivrance, au lieu de leur deman-
» der humblement leur concours, nous prenions leurs
» têtes et leurs châteaux.

« Pour amnistier vos lâchetés, vous rejetez la ca-
» tastrophe sur le dernier régime. N'est-ce donc pas
» vous qui l'avez fondé et maintenu vingt ans ? N'avez-
» vous pas acclamé le coup d'État ! Vos prêtres ne
» l'ont-il pas béni, vos industriels exploité ? La veille de

» la chute de l'empire, ne l'avez-vous point célébré par
» sept millions de suffrages? Depuis quatre-vingts ans,
» qui a pu gouverner une heure contre vous?

« Non, non, n'espérez fuir aucune responsabilité.
» Vous seuls, les seuls gouvernants de la France, vous
» avez conduit la France aux abîmes. Répondez à ceux
» qui l'ont sauvée.

« Nous accomplîmes l'œuvre de notre époque. Un
» seul tyran se dressait devant nous : l'État. Contre lui
» nous armâmes chaque citoyen de droits civils et po-
» litiques. Il n'y avait qu'un agent de production, la
» terre ; nous la donnâmes au peuple. L'abolition de la
» main-morte empêcha la reconstitution de la féodalité
» terrienne ; et quant aux grandes exploitations natu-
» rellement indivisibles, comme les mines, nous en réser-
» vâmes la propriété à la nation. Ayant ainsi garanti le
» peuple contre les seules tyrannies qu'il fût possible
» de prévoir en ce moment, nous pûmes porter sur
» l'échafaud une tête haute et une conscience satis-
» faite.

« Mais depuis, un monde nouveau est venu : l'indus-
» trie aux outillages énormes, aux vastes capitaux,
» servie par une nuée de travailleurs. A la place de
» l'artisan, un serf d'un genre nouveau est né, esclave
» de la machine, du monopole, de la concurrence
» féroce. Comme nous avions fait de l'autre, l'avez-vous
» affranchi des fatalités de son milieu ?

« Non. Pour vous enrichir vous avez rivé sa chaine.
» Vous avez abattu sur l'ouvrier un réseau de lois nou-
» velles. Vous avez approprié votre arsenal politique
» aux besoins de votre industrie. En vain les travail-
» leurs demandent un droit pareil, une représentation
» légale dans votre gouvernement. A toutes leurs reven-
» dications vous répondez : la mort. Ils font 48, on les
» trompe. Ils s'y reprennent en Juin, ou les décime. Au
» deux décembre, on les mitraille. Après la Commune,
» ou les éventre par milliers. Vainement après leurs
» sanglantes défaites, ils parlent de la même voix, ils
» se retrouvent socialistes, et les plébiscites, et les élec-
» tions les montrent tels que 1848, tels que 1834 les a
» révélés, rien ne peut ouvrir ni vos yeux, ni vos
» oreilles.

« Votre féodalité financière devient en quelques
» jours plus implacable et plus corrompue que l'an-
» cienne noblesse en l'espace de huit cents ans. Sans
» morale, sans frein, sans autre ambition que d'arron-
» dir son ventre, elle perd toute capacité politique,
» s'abandonne à l'empire, s'efforce de traîner la France
» dans le sillon de sa débauche, et, lors de l'inva-
» sion, livre nos gués aux Prussiens et les fête dans
» ses châteaux. Après avoir tourné contre la défense
» toutes les forces qu'un pouvoir tremblant vous laissait
» en province, le jour où les hypocrites plagiaires de

» notre dictature féconde vous abandonnent le timon de
» la France, vous volez aux capitulations. Et vous ne
» retrouvez d'énergie, de volonté, de persistance que
» devant ces patriotes qui revendiquent leurs libertés
» contre vous, comme ils disputaient malgré vous le
» territoire aux Prussiens.

« Par vous, la France a été envahie trois fois,
» quinze ans chevauchée par un barbare, remise pen-
» dant quinze ans sous le joug des émigrés, dix-huit
» années livrée en pâture aux ventrus, pendant vingt-
» deux ans le lupanar de tous les aventuriers du monde.
» Par vous le soldat de l'idée est devenu le soldat du
» pape, le soldat de Morny, le soldat de Palikao. Par
» vous la France a payé plus de sept milliards à l'étran-
» ger. Par vous, le clergé, la noblesse, les priviléges
» ont été réstaurés plus puissants qu'avant 89. Et vous
» prétendez aujourd'hui reconstituer la France! Avec
» quels hommes, avec quelles idées ?

« Les mandataires du tiers, en 89, représentaient
» vraiment l'intelligence, le cœur généreux de la
» France. Et cependant qu'eût valu leur génie si la nation
» ne les avait guidés? Plusieurs mois avant l'élection,
» le pays interrogea ses entrailles, et dans des cahiers
» solennels consigna ses angoisses, ses besoins et ses
» ordres aussi. Le seul mérite de ses mandataires fut
» d'obéir, de comprendre, de savoir dégager les lois de

» ces rapports. Et vous chétifs, vous prétendez créer
» des lois !

« Où sont donc les titres qui vous constituent fonda-
» teurs de la France ? Montrez les cahiers, les adresses
» où le pays a écrit ses vœux ? Oseriez-vous prétendre
» les avoir devinés ? Je vois ici sept cents hommes qui
» représentent le capital et le privilége sous toutes ses
» formes, pas un seul le monde moderne du travail. Y
» a-t-il seulement dix justes, y a-t-il un juste parmi
» vous, capable d'exposer une idée nette appropriée aux
» nécessités actuelles, parmi vous, Nobles, Prêtres,
» Bourgeois, Revenants de 1815, de 1830, de 1848 !

« Allons ! Sortez ! Il n'y a point parmi vous un homme
» du présent. Sortez, usurpateurs ! Sortez, corrompus,
» fanatiques, singes sanguinaires, et faites place à ceux
» qui travaillent, à ceux qui instruisent, à ceux qui feront
» parler la voix de la nation ! Sortez de ce palais où
» la royauté, la noblesse, l'Eglise furent terrassées,
» où la souveraineté du peuple fut proclamée, où ses
» députés jurèrent de mourir pour lui, où la France
» retrouva ses titres. Au nom des ancêtres, au nom du
» présent, chassés par nous, chassés par cette France
» qui veut revivre, sortez de ces murs qui vous accu-
» sent, et prenez garde ! passez vite devant les poteaux
» humides de Satory ! »

Un geste formidable accompagne sa parole re-

tentissante et semble balayer sous lui cette tourbe ter-
rifiée.

Et le chœur des tribunes répond :

PREMIÈRE TRIBUNE. — « Sortez ! Nous sommes les
» fusillés du square Saint-Jacques. Nous râlions encore
» quand on nous recouvrit et nous sommes morts
» pendant la nuit en mangeant la terre. »

DEUXIÈME TRIBUNE. — « Sortez ! nous sommes les fu-
» sillés de la caserne Lobau. Les gendarmes nous chas-
» saient dans la cour comme des bêtes fauves, ne nous
» tuant qu'à moitié pour prolonger notre agonie. »

TROISIÈME TRIBUNE. — « Sortez ! Nous sommes les
» mitraillés de la Roquette. On nous attachait par cin-
» quante devant les mitrailleuses. Du dimanche au
» lundi nous tombâmes deux mille. A nos côtés vos
» prêtres récitaient les prières des morts. »

QUATRIÈME TRIBUNE. — « Sortez ! Nous sommes les
» fusillés des Buttes-Chaumont. On nous chassait au
» bord du lac et les eaux nous engloutissaient. »

CINQUIÈME TRIBUNE. — « Sortez ! Nous sommes les
» fusillés du Père La Chaise. On nous fit creuser nos
» fosses avant de nous dépêcher. »

SIXIÈME TRIBUNE. — « Sortez ! Nous sommes les fu-
» sillés du Luxembourg. Les soldats, épuisés du car-

» ñage, appuyaient contre nos poitrines le canon de
» leurs fusils. »

SEPTIÈME TRIBUNE. — « Sortez! Nous sommes les mi-
» traillés de l'Ecole militaire. On chargeait nos corps
» sanglants dans des tapissières que l'on promenait par
» les rues de Grenelle. »

HUITIÈME TRIBUNE. — « Sortez! Nous sommes les
» femmes qu'on fusilla place Vendôme, après les avoir
» déshonorées. — Nous sommes les femmes qui de-
» mandaient grâce pour leurs maris, leurs fils qu'on
» emmenait. On nous a fusillées avec eux.

NEUVIÈME TRIBUNE. — « Sortez! Nous sommes les
» femmes qu'on appelait des pétroleuses, parce que
» nous étions aux ouvriers. On nous fusilla par mil-
» liers. »

DIXIÈME TRIBUNE. — « Sortez! Nous sommes les
» enfants que l'on fusilla pour avoir accompagné leurs
» pères. »

ONZIÈME TRIBUNE. — « Sortez! Nous sommes les
» vieillards fusillés à Passy par Gallifet qui prête sa
» femme. Il dit que nous étions les plus coupables,
» ayant vu les journées de Juin. »

DOUZIÈME TRIBUNE. — « Sortez! Nous sommes les
» prisonniers qui ne pouvaient suivre les convois. On

» nous abattait sur la route et les bourgeois applau-
» dissaient. »

TREIZIÈME TRIBUNE. — « Sortez ! Nous sommes les
» prisonniers massacrés à Satory. On nous faisait
» coucher dans la boue, sous la pluie, et à travers les
» trous des murs, la nuit, les mitrailleuses crachaient
» sur nous. »

QUATORZIÈME TRIBUNE. — « Sortez ! Nous sommes
» les prisonniers envoyés aux pontons dans les wagons
» à bestiaux. Quand nous cherchions un peu d'air, les
» gendarmes nous tiraient par les ouvertures et ils nous
» ont tués. »

QUINZIÈME TRIBUNE. — « Sortez ! Nous avons été
» fusillés sur les pontons, à travers nos cages à claire-
» voie. »

. . . .

« Et de toutes les tribunes les malédictions éclatent
» à la fois, et des hauteurs de la salle, les voix se pré-
» cipitent, criant :

« Sortez ! Sortez ! Nous sommes les fusillés du Parc
» Monceaux, du Châtelet, de l'Ecole Polytechnique, du
» Panthéon, de l'Elysée, du clos St-Laurent, de La
» Villette, de Belleville, de la Bastille, de Vincennes,
» de Bicêtre, de Montrouge. »

Bientôt, les cris se confondent dans une seule et

furieuse malédiction. De tous les points du théâtre, les fusillés penchent sur le parterre, leurs doigts décharnés. leurs faces trouées, leurs guenilles putrides. Leurs bras semblent s'allonger et vont saisir les députés. Alors, les sept cents misérables retrouvent dans leur épouvante un reste de vigueur et fuient vers toutes les issues.

Toutes les issues sont bouchées. Les trente mille morts de Mai engorgent les couloirs, les antichambres, les pas-perdus. Là et au dehors leur foule grouillante entoure l'édifice d'un flot noir qui se perd dans nuit. Ils veulent, eux aussi, assister à la séance, et ils pressent les murs à les faire éclater. Les hommes, les femmes, les enfants, crient, s'appellent et leur rugissement vient rejoindre celui de l'intérieur. Les députés alors reculent et s'efforcent de rentrer. Mais les fusillés des tribunes ont envahi la salle et les pressent par derrière. Et les sept cents restent enfermés, entre ces vagues implacables.

Tout à coup tout se tait. Le silence tombe subitement, plus lugubre mille fois que les hurlements de ces trente mille gosiers. Cette masse reste un instant immobile, puis elle s'ébranle et se met en marche à intervalles réguliers. Quel mot d'ordre tout puissant, quel chef mystérieux lui commande ! Bientôt sous les rayons de la lune qui se lève, elle s'allonge comme un immense dragon. Un point confus et noir s'agite dans le centre. C'est la chambre implacable enveloppée d'une quintuple haie. Les députés ne peuvent marcher, mais les femmes et les enfants les soutiennent sous les épaules.

Et désormais plus un cri, plus un mot. Que ces fédérés recueillis sont terribles ! Les vieilles rues désertes ne les entendent point passer. Le cortége muet prend la route qu'ont suivie si souvent les funèbres fourgons de la prison Saint-Pierre.

. . . .

Déjà les silhouettes des mitrailleurs et des mitraillés se confondent dans le lointain et bientôt tous s'engouffrent dans les ombres des buttes de Satory.

www.ingramcontent.com/pod-product-compliance
Lightning Source LLC
Chambersburg PA
CBHW051744050726
47598CB00003B/1332